AF205397

Impressum
Verlag: BABADADA GmbH, Nedderfeld 112 , 22529 Hamburg
Geschäftsführer / Verlagsleitung: Harald Hof
Druck: Books on Demand GmbH, In de Tarpen 42, 22848 Norderstedt

Imprint
Publisher: BABADADA GmbH, Nedderfeld 112 , 22529 Hamburg, Germany
Managing Director / Publishing direction: Harald Hof
Print: Books on Demand GmbH, In de Tarpen 42, 22848 Norderstedt, Germany

ትምህርት ቤት

училище

መ ሪያ ክፍል
класна стая
ካፈል
деление
186/2
ሰሌዳ
черна дъска
የትምህርት ቤት ቅጥር ግቢ
училищен двор
መምህር
учител
ወረቀት
хартия
пиша
እስክሪብቶ
химикал
መፃፊያ ጠረጴዛ
бюро
ስመሪያ
линеал
መጽሐፍ
книга
ученик

የጀርባ ቦርሳ

ученическа раница

የእርሳስ መያዣ

ученически несесер

እርሳስ

молив

የእርሳስ መቅረጫ

острилка за моливи

ላጲስ

гума

የስዕል ደብተር

блок за рисуване

2 ትምህርት ቤት - училище

ስዕል

рисунка

የቀለም ብሩሽ

четка

የቀለም ሳጥን

акварелни бои

መቀስ

ножица

ማጣበቂያ

лепило

መልመጃ ደብተር

тетрадка за упражнения

የቤት ስራ

домашна работа

ቁጥር

число

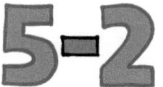

መደመር

събиране

መቀነስ

изваждане

ማባዛት

умножение

ቁጥሮችን ማስላት

смятане

ደብዳቤ

буква

ABCDEFG
HIJKLMN
OPQRSTU
VWXYZ

ፊደላት

азбука

ቃል

дума

ፅሑፍ

текст

ማንበብ

чета

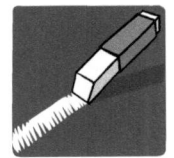

ጠመኔ

тебешир

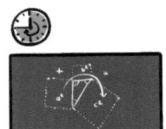

ትምህርት

час

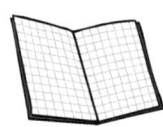

ምዝገባ

дневник на класа

ፈተና

изпит

ሰርተፊኬት

свидетелство

የትምህርት ቤት የደንብ ልብስ

ученическа униформа

ትምህርት

образование

አዉደ ጥበብ

справочник

ዩኒቨርስቲ

университет

የምርምር አጉሊ መሳርያ

микроскоп

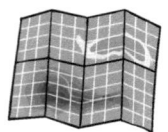

ካርታ

карта

የቆሻሻ ወረቀት መጣያ ቅርጫት

кошче за хартиени
отпадъци

ሆቴል
хотел
ማረፊያ ቤት
хостел
የዉጭ ገንዘብ ምንዛሪ ቢሮ
обменно бюрс
ልብስ መያዣ ሻንጣ
куфар
መኪና
кола

ቋንቋ

език

አዎ/ አይደለም

да / не

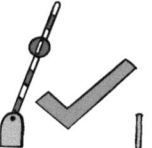

እሺ

Окей

ሰላም

здравей

አስተርጓሚ

преводач

አመሰግናለሁ

Благодаря

ስንት ነዉ.......?

Колко струва...?

አልገባኝም

Не разбирам

እክል

проблем

እንደምን አመሹ!

Добър вечер!

እንደምን አደሩ!

Добро утро!

መልካም ምሽት!

Лека нощ!

ደህና ይሰንብቱ

довиждане

አቅጣጫ

посока

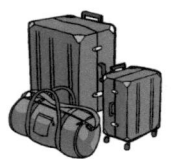

ሻንጣ

багаж

ቦርሳ

пътна чанта

የጀርባ ቦርሳ

раница

እንግዳ

посетител

ክፍል

стая

የመተኛ ቦርሳ

спален чувал

ድንኳን

палатка

የጎብኚዎች መረጃ
....

туристическа информация

የባህር ዳርቻ
....

плаж

ክሬዲት ካርድ
....

кредитна карта

ቁርስ
....

закуска

ምሳ
....

обед

እራት
....

вечеря

ቲኬት
....

билет

አሳንስር
....

асансьор

ማህተም
....

пощенска марка

ድንበር
....

граница

ባህሎች
....

митница

ኤምባሲ
....

посолство

ቪዛ/የይለፍ ወረቀት
....

виза

ፓስፖርት
....

паспорт

መጓጓዣ

транспорт

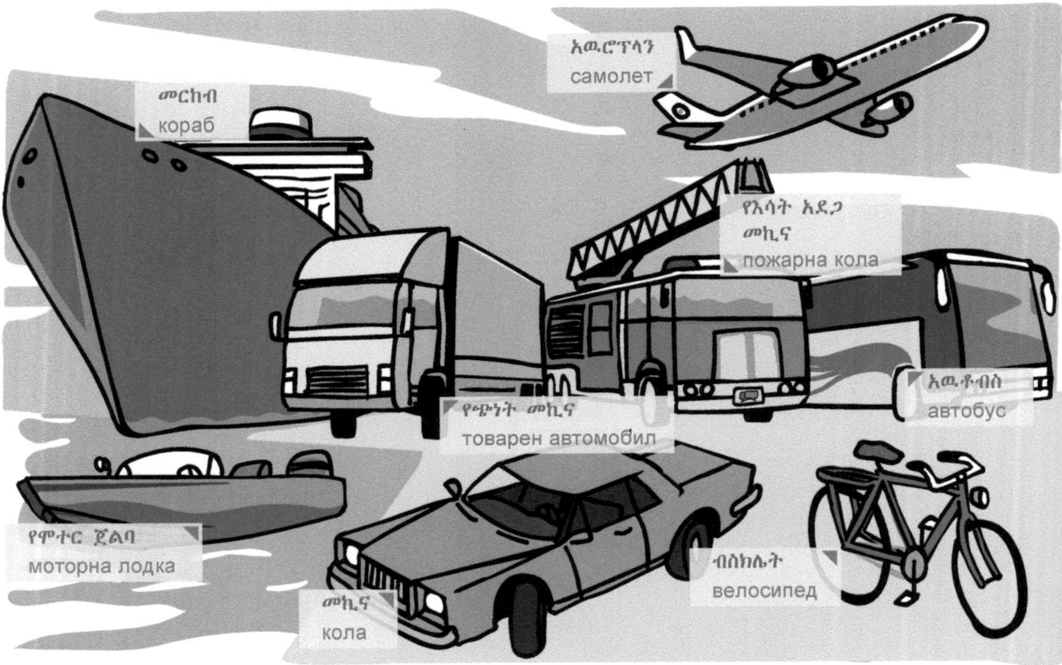
አውሮፕላን
самолет
መርከብ
кораб
የእሳት አደጋ መኪና
пожарна кола
አውቶብስ
автобус
የጭነት መኪና
товарен автомобил
የሞተር ጀልባ
моторна лодка
ብስክሌት
велосипед
መኪና
кола

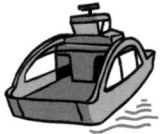

የማመላለሻ ጀልባ

ферибот

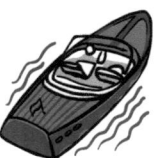

ጀልባ

лодка

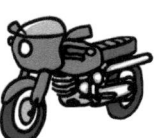

የሞተር ብስክሌት

мотоциклет

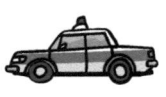

የፖሊስ መኪና

полицейска кола

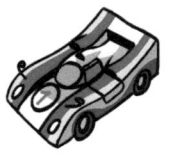

የውድድር መኪና

състезателна кола

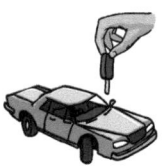

የኪራይ መኪና

кола под наем

የመኪና መጋራት

каршеринг

ጎታች መኪና

автомобил от "Пътна помощ"

የቆሻሻ ጭነት መኪና

сметовоз

ሞተር

двигател

ነዳጅ

бензин

የቤንዚን ማደያ

бензиностанция

የመንገድ ምልክት

пътен знак

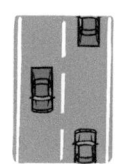

የመኪኖች እንቅስቃሴ

улично движение

የመኪና መጨናነቅ

задръстване

የመኪና ማቆሚያ

паркинг

የባቡር ጣቢያ

гара

የባቡር ሀዲዶች

релси

ባቡር

влак

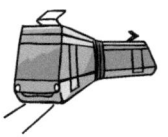

የኤሌክትሪክ ባቡር

трамвай

ሰረገላ

вагон

ሄሊኮፕተር

хеликоптер

አየር ማረፊያ

аерогара

ማማ

кула

መንገደኛ

пасажер

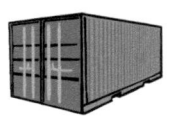

ማስቀመጫ፤ ማጠራቀሚያ

контейнер

ካርቶን እቃ ማሸጊያ

кашон

ጋሪ፤ ተሳቢ

ръчна количка

ቅርጫት

кошница

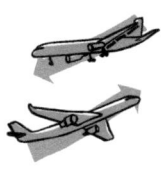

መነሳት/ ማረፍ

излитам / приземявам се

ከተማ

град

መንደር

село

የከተማ ማዕከል

градски център

ቤት

къща

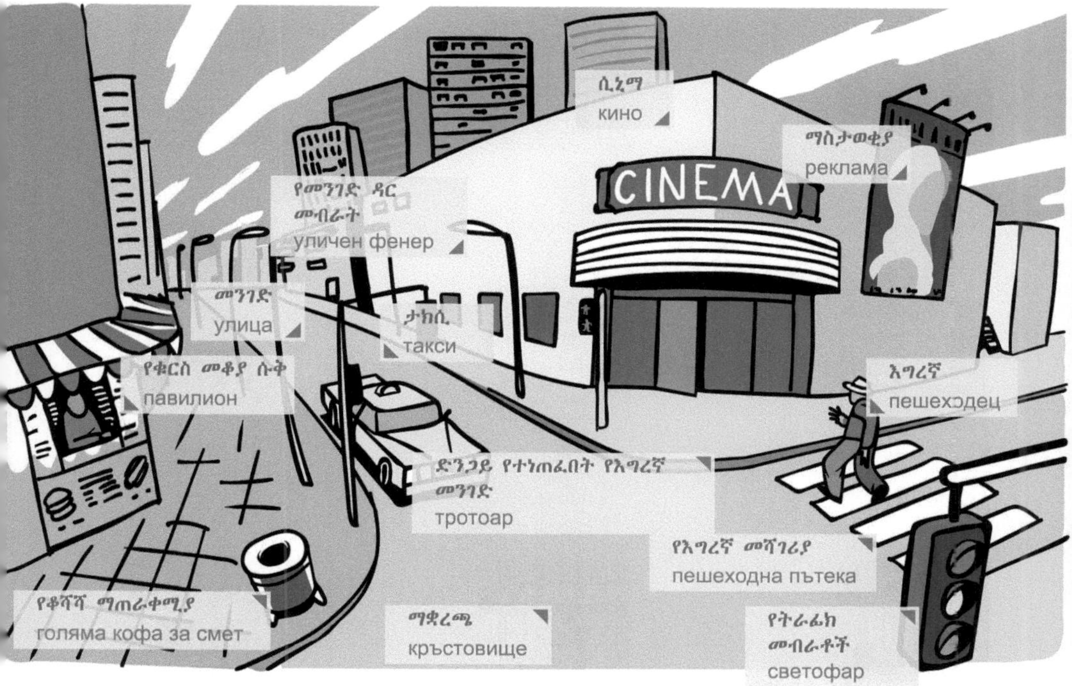

ሲኒማ
кино

ማስታወቂያ
реклама

የመንገድ ዳር
መብራት
уличен фенер

መንገድ
улица

ታክሲ
такси

የቁርስ መቁየ ሱቅ
павилион

CINEMA

እግረኛ
пешеходец

ድንጋይ የተነጠፈበት የእግረኛ
መንገድ
тротоар

የእግረኛ መሻገሪያ
пешеходна пътека

የቆሻሻ ማጠራቀሚያ
голяма кофа за смет

ማቋረጫ
кръстовище

የትራፊክ
መብራቶች
светофар

ጎጆ
....
хижа

አፓርታማ
....
жилище

የባቡር ጣቢያ
....
гара

የከተማ አዳራሽ
....
кметство

ቤት መዘክር
....
музей

ትምህርት ቤት
....
училище

ዩኒቨርስቲ

университет

ባንክ

банка

ሆስፒታል

болница

ሆቴል

хотел

መድሐኒት ቤት

аптека

ቢሮ

офис

መፅሐፍ መሸጫ

книжарница

ሱቅ

магазин за цветя

የአበባ መሸጫ

магазин за цветя

የሸቀጣ ሸቀጥ መደብር

супермаркет

ገበያ ስፍራ

пазар

መደብር

универсален магазин

የዓሳ ነጋዴ

търговец на риба

የገበያ ማዕከል

търговски център

ወደብ

пристанище

መናፈሻ ቦታ

....

парк

አግዳሚ ወንበር

....

пейка

ድልድይ

....

мост

ደረጃዎች

....

стълба

ዉስጥ ለዉስጥ

....

метро

ዋሻ

....

тунел

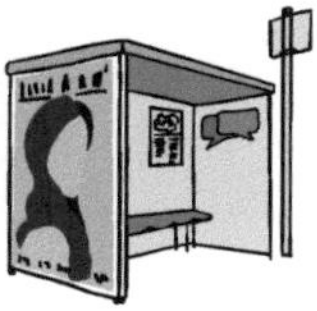

የአዉቶቡስ ፌርማታ

....

автобусна спирка

ባር

....

бар

ምግብ ቤት

....

ресторант

የፖስታ ሳጥን

....

пощенска кутия

የመንገድ ምልክት

....

улична табелка

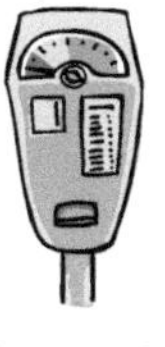

የመኪና ማቆሚያ ሒሳብ የሚያሰላ ማሽን

....

часовник за паркинг престой

የደር እንስሳት ማቆያ

....

зоологическа градина

የመዋኛ ገንዳ

....

плувен басейн

መስጊድ

....

джамия

እርሻ

селски двор

የሚበክል ነገር

замърсяване на околната среда

መቃብር ስፍራ

гробище

ቤተ ክርስቲያን

църква

መጫወቻ ሜዳ

детска площадка

ቤተ መቅደስ

храм

መልክዓምድር

пейзаж

ቅጠል
листо
የመንገድ ላይ ምልክት
пътепоказател
መንገድ
път
አረንጓዴ መስክ
ливада
ድንጋይ
камък
ዛፍ
дърво
በእግሩ የሚጓዝ
пътешественик
ወንዝ
река
ሳር
трева
አበባ
цвете

ሸለቆ

....

долина

ኮረብታ

....

планина

ሀይቅ

....

море

ጫካ

....

гора

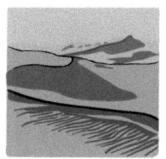

በረሃ

....

пустиня

እሳተ ገሞራ

....

вулкан

ግምብ

....

замък

ቀስተ ዳመና

....

дъга

እንጉዳይ

....

гъба

የቴምብር ዛፍ/ ዘንባባ

....

палма

ቢንቢ/ የወባ ትንኝ

....

комар

በራሪ

....

муха

ጉንዳን

....

мравка

ንብ

....

пчела

ሸረሪት

....

паяк

ጢንዚዛ

бръмбар

እንቁራሪት

жаба

ሽኮኮ

катеричка

ጃርት

таралеж

ጥንቸል

заек

ጉጉት ወፍ

кукумявка

ወፍ

птица

የዉሃ ዳክዬ

лебед

ከርከሮ

диво прасе

አጋዘን

елен

አጋዘን

лос

ግድብ

бент

በነፋስ የሚሽከረከር

вятърна турбина

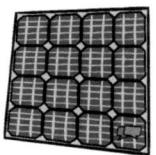

የፀሀይ ፓኔሎ

соларен модул

አየር ንብረት

климат

ምግብ ቤት

ресторант

አስተናጋጅ
келнер
ማዉጫ
меню
ወንበር
стол
ሾርባ
супа
ፒዛ
пица
የጠረጴዛ ጨርቅ
покривка за маса
መክተፊያ
прибори за хранене

የምግብ ፍላጎትን የሚከፍት ምግብ

предястие

ዋና ምግብ

основно ястие

ማጣጣሚያ ተከታይ ምግብ

десерт

መጠጦች

напитки

ምግብ

ядене

ጠርሙስ

бутилка

ፈጣን ምግብ

бързо хранене

የመንገድ ምግብ

улична храна

የሻይ ማንቆርቆሪያ

кана за чай

የስኳር እቃ

кутия за захар

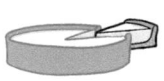

ድርሻ

порция

የቡና ማፊያ ማሽን

еспресо машина

ባለጌ ወንበር

висок детски стол

የክፍያ ደረሰኝ

сметка

ትሪ

табла

ቢላዋ

ножица за нокти

ሹካ

вилица

ማንኪያ

лъжица

የሻይ ማንኪያ

чаена лъжичка

ልብስ ምግብ እንዳይነካ የሚረዳ ጨርቅ

салфетка

ብርጭቆ

стъклена чаша

ዝርግ ሰሀን

чиния

የሾርባ ጎድጓዳ ሰሀን

чиния за супа

የስኒ ማስቀመጫ

чинийка

ማጣፈጫ ስጎ

сос

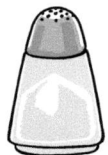

የጨዉ እቃ

солница

የተፈጨ ቃሪያ

мелничка за черен пипер

ኮምጣጤ

оцет

የምግብ ዘይት

олио

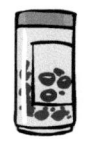

ቀመማ ቅመሞች

подправки

የቲማቲም ድልህ

кетчуп

ሰናፍጭ

горчица

ማዮኒዝ

майонеза

የሸቀጣ ሸቀጥ መደብር

супермаркет

ልዩ አቅራቦት
оферта
FOR
ደምበኛ
клиент
የወተት ተዋፅዖ
млечни продукти
ፍራፍሬ
плодове
ባለ ጎማ የእጅ ጋሪ
количка за покупки

ሉካንዳ ነጋዴ

кланица

መጋገርያ

хлебарница

ክብደት መመዘን

тегля

ቅጠላ ቅጠል አትክልት

зеленчуци

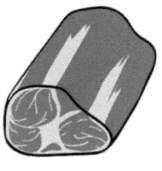

ስጋ

месо

የቀዘቀዘ/የረጋ ምግብ

дълбоко замразена храна

ቀዝቃዛ ቁራጭ

нарязан колбас или сирене

የታሸገ ምግብ

консерви

የማጠቢያ ዱቄት

перилен препарат

ጣፋጮች

лакомства

የቤት ዉስጥ ዉጤቶች

домакински изделия

የፅዳት ምርቶች

почистващи препарати

የሽያጭ ባለሙያ

продавачка

የገንዘብ መመዝቢያ ማሽን

каса

የሒሳብ ሰራተኛ

касиер

የግዢ ዝርዝር

списък на покупките

ክፍት ሰዓታት

работно време

የኪስ ቦርሳ

портфейл

ክሬዲት ካርድ

кредитна карта

ቦርሳ

чанта

የፕላስቲክ ቦርሳ

пластмасова торба

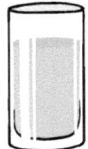

መጠጦች

напитки

ውሃ

вода

ጭማቂ

сок

ወተት

мляко

ኮካ-ኮላ

кола

ወይን

вино

ቢራ

бира

አልኮል

алкохол

ኮካ

какао

ሻይ

чай

ቡና

кафе машина

የተፈላ ቡና

еспресо

ካፑቺኖ

капучино

ሙዝ
....
банан

ፖም
....
ябълка

ብርቱካን
....
портокал

ሀብሀብ
....
пъпеш

ሎሚ
....
лимон

ካ ት
....
морков

ጭ ሽንኩርት
....
чесън

ሽምበቆ
....
бамбук

ቀይ ሽንኩርት
....
лук

እንጉዳይ
....
гъба

ለዉዝ
....
ядки

የህፃናት ምግብ
....
макарони

ፓስታ

спагети

ሩዝ

ориз

ሰላጣ

салата

የድንች ጥብስ

пържени картофи

ድንች ጥብስ

печени картофи

ፒዛ

пица

ዳቦ ዉስጥ በስሱ ተጠብሶ የገባ ስጋ

хамбургер

ሳንድዊች

сандвич

ጥሬ ስጋ

шницел

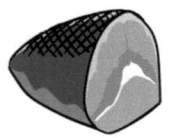

የአሳማ ስጋ

шунка

በቅመምና በጨዉ የታሸ ምግብ ቀዝቅዞ የሚበላ ሾርባ ምግብ

траен колбас

ቋሊማ

салам

ዶሮ

пиле

ጥብስ

печено

አሳ

риба

የአጃ ገንፎ

овесени ядки

ከወተት ጋር ተደባልቀዉ የሚበሉ ምግቦች

мюсли

የበቆሎ ቅርፊት

корнфлейкс

ዱቄት

брашно

ኩራሳ

кроасан

ድብልብል ዳቦ

хлебчета

ዳቦ

хляб

መጥበስ

препечена филийка

ብስኩት

бисквити

ቅቤ

масло

እርጎ

извара

ኬክ

сладкиш

እንቁላል

яйце

እንቁላል ጥብስ

яйца на очи

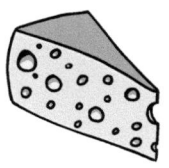

አይብ

сирене

የበረዶ ክሬም

сладолед

ስኳር

захар

ማር

мед

ማርማላት

мармалад

የተናጠ የወተት ክሬም

нуга крем

ማጣፈጫ

кърн

ምግብ - ядене

እርሻ

селски двор

የገበሬ ቤት
селска къща
የእህልና የከብት ማቀመጫ ቤት
плевня
የጭድ ክምር
бала сено
ሜዳ
поле
ፈረስ
кон
ተሳቢ መኪና
ремарке
የፈረስ ውርንጭላ
конче
የእርሻ መኪና
трактор
አህያ
магаре
በግ
овца
የበግ ጠቦት
агне

ፍየል

коза

ላም

крава

ጥጃ

теле

አሳማ

свиня

ግልገል አሳማ

прасенце

ኮርማ

бик

ዝይ

гъска

ዳክዬ

патица

የዶሮ ጫጩት

пиленце

ዶሮ

кокошка

አዉራ ዶሮ

петел

አይጥ

плъх

ደድመት

котка

አይጥ

мишка

በሬ

вол

ዉሻ

куче

የዉሻ ቤት

кучешка колиба

የአትክልት ቦታ

градински маркуч

ዉሃ ማጠጫ ባልዲ

лейка

ረጅም ማጭድ

коса

ማረሻ

плуг

ማጭድ

сърп

መኮትኮቻ

мотика

የእህል መንሽ

вила за тор

መጥረቢያ

брадва

ኩርኩር/ የእጅ ጋሪ

ръчна количка

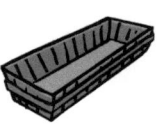

ገንዳ

корито

የወተት ዕቃ

съд за мляко

ጆንያ ከረጢት

чувал

አጥር

ограда

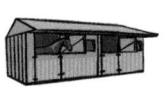

የፈረስ ጋጣ

обор

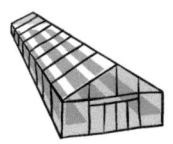

ዕፅዋት ማሳደጊያ የመስታዉት ቤት

парник

አፈር

земя

ዘር

сеитба

የመሬት ማዳበሪያ

тор

ጥምር ማረሻ

комбайн

አዝመራ መሰብሰብ

жъна

አዝመራ

реколта

ድንች

ямс

ስንዴ

жито

ሶያ

соя

ድንች

картоф

በቆሎ

царевица

የከብት መኖ

рапица

የፍሬ ዛፍ

овощно дърво

የካሳቫ ዛፍ

маниока

እህል

зърнени храни

ቤት

къща

የጪስ ማዉጫ
комин
ጣራ
покрив
አሸንዳ
улук
መስኮት
прозорец
ጋራዥ
гараж
የበር ደወል
звънец
በር
врата
የቆሻሻ ማጠራቀሚያ
кофа за боклук
ፖስታ ሳጥን
пощенска кутия
የአትክልት ቦታ
градина

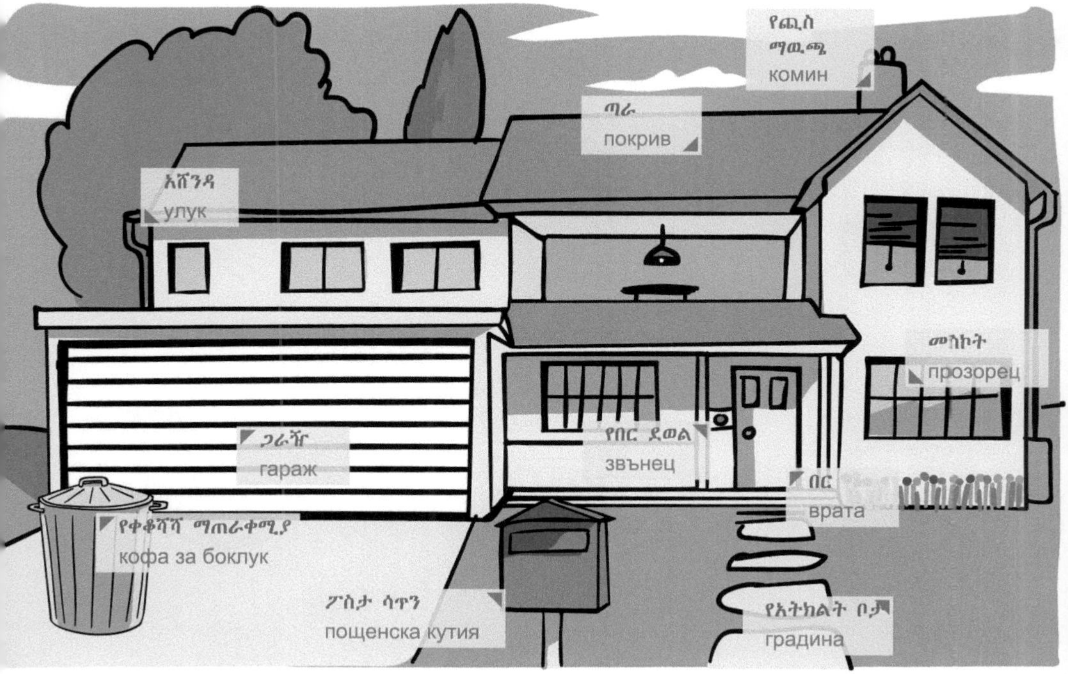

ሳሎን

всекидневна

መታጠቢያ ቤት

баня

ማድቤት

кухня

መኝታ ቤት

спалня

የልጅ ክፍል

детска стая

መመገቢያ ክፍል

трапезария

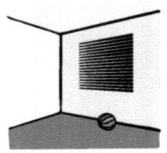

ወለል
под

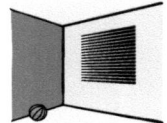

ግድግዳ
стена

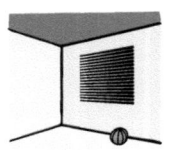

ጣሪያ
таван

ምድር ቤት
изба

በእንፋሎት ሙቀት መታጠቢያ
ቤት
сауна

ሰገነት
балкон

ከፍ ያለ መደብ
тераса

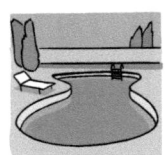

የመዋኛ ገንዳ
плувен басейн

የማጨጃ መኪና
косачка

አንሶላ
спално бельо

የአልጋ ልብስ
покривка за легло

አልጋ
легло

መጥረጊያ
метла

ባልዲ
кофа

ማብሪያና ማጥፊያ
електрически ключ

всекидневна

የግድግዳ ወረቀት
тапет

ፎቶ
картина

መብራት
лампа

መደርደሪያ
рафт

ቁም ሳጥን፣ ካቢኔ
шкаф

ቴሌቪዥን
телевизор

የእሳት መሞቂያ
камина

አበባ
цвете

ትራስ
възглавница

ሶፋ
канапе

የአበባ ማስቀመጫ
ваза

ሪሞት ኮንትሮል
дистанционно управление

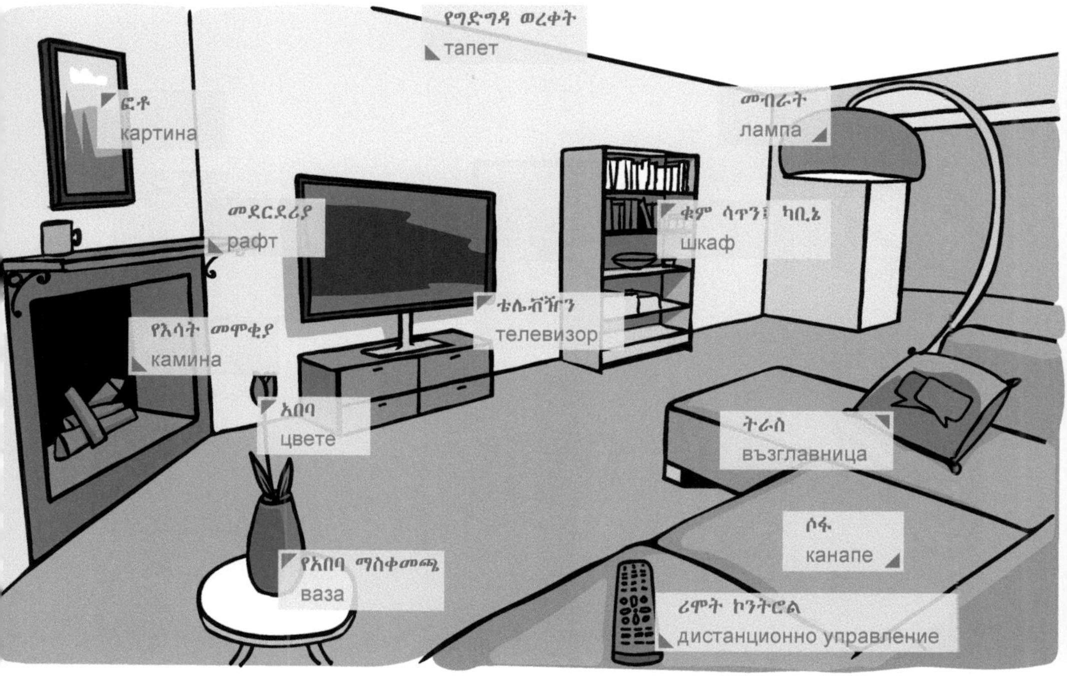

ንጣፍ

килим

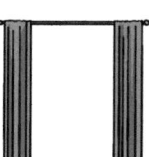

መጋረጃ

завеса

ጠረጴዛ

маса

ወንበር

стол

ተወዛዋዥ ወንበር

люлеещ се стол

ባለመደገፊያ ወንበር

кресло

መጽሐፍ

книга

ብርድ ልብስ

одеяло

ጌጥ

декорация

ማገዶ

дърва за отопление

ፊልም

филм

የሙዚቃ መማጫወቻ

стерео уредба

ቁልፍ

ключ

ጋዜጣ

вестник

ስዕል

живопис

የተለጠፈ ማስታወቂያ እንደ ስዕል

постер

ራዲዮ

радио

ማስታወሻ ደብተር

бележник

የአየር ማፅጃ ለምንጣፍ

прахосмукачка

ቁልቋል

кактус

ሻማ

свещ

ማድቤት

кухня

ማቀዝቀዣ
хладилник
ማይክሮዌቭ ምግብ ማብሰያ
микровълнова фурна
የኩሽና መመዘኛ ሚዛን
кухненска везна
ዳቦ መጥበሻ
тостер
ንፁህ ማድረጊያ
почистващо средство
ምድጃ
фурна
ማቀዝቀዣ
хладилна камера
የቆሻሻ ማጠራቀሚያ
кофа за боклук
እቃ ማጠቢያ
миялна машина

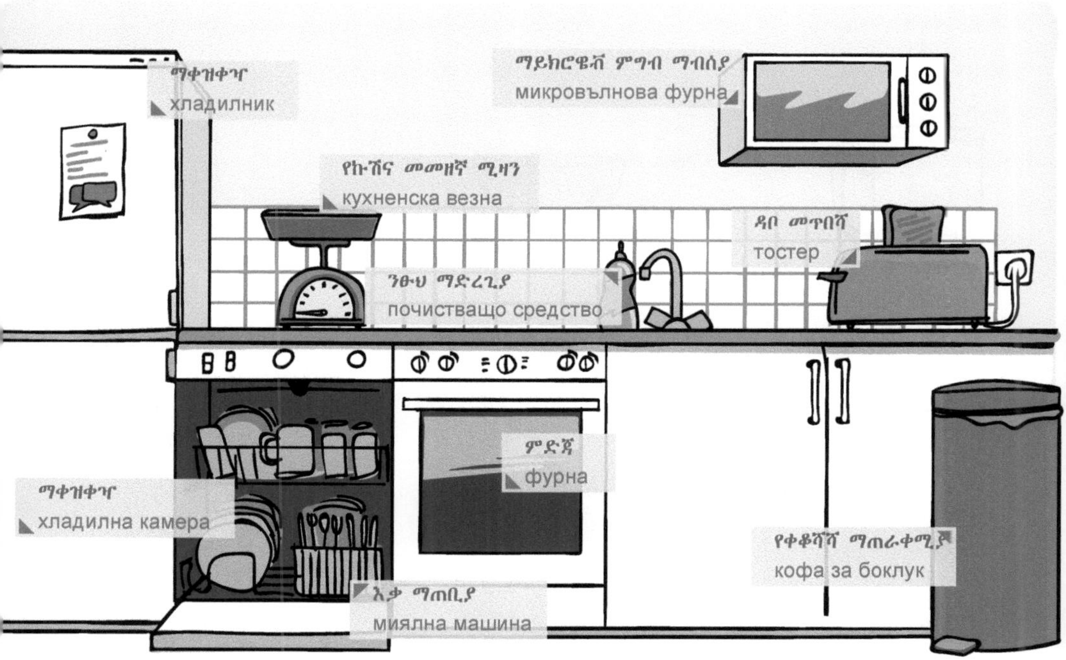

ምግብ አብሳይ

готварска печка

ማሰሮ

тенджера

የብረት ማሰሮ

желязна тенджера

ምግብ ማብሰያ ዝርግ ድስት

уок / кадаи

የምግብ መጥበሻ

тиган

ማንቆርቆሪያ

кана за затопляне на вода

የእንፋሎት ማብሰያ
....
уред за готвене на пара

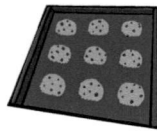

የመጋገሪያ ትሪ
....
тава за печене

ሰብስቦች
....
съдове

ትልቅ ኩባያ
....
чаша

ጎድጓዳ ሳህን
....
купа

ቾፕስቲክስ
....
клечки за хранене

ጭልፋ
....
черпак

መሰቅሰቂያ ዝርግ ማንኪያ
....
лопатка за тиган

ማደባለቂያ
....
тел за разбиване (на яйца, белтъци)

መወጠሪያ
....
кошница за варене

ወንፊት
....
гевгир

መፈርፈሪያ መሳሪያ
....
ренде

ሲሚንቶ
....
хаван

የፍም ጥብስ
....
барбекю

የተለቀቀ እሳት
....
огнище

መክተፊያ

дъска

ተንሸራታች መርፌ

точилка

የጠርሙስ መክፈቻ

тирбушон

ጣሳ

кутия

የጣሳ መክፈቻ

отварачка за консерви

የማሰሮ መሸፈኛ

кухненска ръкохватка

ሳህን ማጠቢያ

мивка

ብሩሽ

четка

ስፖንጅ

гъба

መደባለቂያ መሳሪያ

миксер

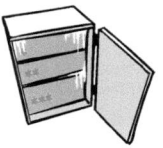

በጣም ማቀዝቀዣ

фризер

ጡጦ

бебешко шише

ቧንቧ

воден кран

መታጠቢያ ቤት

баня

ማሞቂያ
отопление
ፎጣ
хавлиена кърпа
መታጠቢያ
душ
የመታጠቢያ ቤት መጋረጃ
завеса за баня
የአረፋ መታጠቢያ
шампоан за вана
የመታጠቢያ ገንዳ
вана
ብርጭቆ
стъклена чаша
የልብስ ማጠቢያ
перална машина
ቧንቧ
воден кран
ማዕዘን ወለል
плочки
гърне
ሳህን ማጠቢያ
мивка

ሽንት ቤት

тоалетна

የሽንት ቤት መቀመጫ

клекало

ሳፋ

биде

የመንገድ ዳር መሽኛ

писоар

የሽንት ቤት ወረቀት

тоалетна хартия

የሽንት ቤት ማፅጃ ብሩሽ

четка за тоалетна

የጥርስ ብሩሽ
....
четка за зъби

የጥርስ ሳሙና
....
паста за зъби

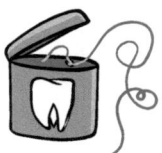

የጥርስ ማፅጃ ክር
....
конец за зъби

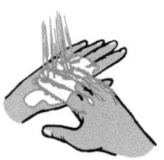

መታጠብ
....
мия

የእጅ መታጠቢያ
....
ръчен душ

መታጠቢያ
....
интимен душ

ጎድጓዳ ሳህን
....
леген

የጀርባ ብሩሽ
....
четка за гръб

ሳሙና
....
сапун

የመታጠቢያ የሚዝለገለግ ሳሙና
....
душ гел

የፀጉር መታጠቢያ ሳሙና
....
шампоан за вана

ለስላሳ ጨርቅ
....
гъба за баня

ፍሳሽ
....
сифон

ክሬም
....
крем

ጠረን መቀየሪያ ንጥረ ነገር
....
дезодорант

መስታወት
....
огледало

የእጅ መስታወት
....
козметично огледало

ምላጭ
....
ръчна самобръсначка

የመላጫ አረፋ
....
пяна за бръснене

ከመላጨት በኋላ የሚቀባ ሽቱ
....
одеколон за след
бръснене

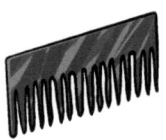

ማበጠሪያ
....
гребен

ብሩሽ
....
четка

የፀጉር ማድረቂያ
....
сешоар

በፀጉር ላይ የሚነፋ
....
спрей за коса

የፊት መቀባቢያ
....
грим

የከንፈር ቀለም
....
червило

የጥፍር ቀለም
....
лак за нокти

የጥጥ ሱፍ
....
памук

ጥፍር መቁረጫ
....
ножица за нокти

ሽቶ
....
парфюм

ማጠቢያ ባልዲ

....

тоалетна чантичка

መቀመጫ

....

табуретка

ሚዛን

....

везна

የመታጠቢያ ልብስ

....

хавлия

የላስቲክ ጓንት

....

домакински ръкавици

ሞዴስ

....

тампон

የፅዳት ፎጣ

....

дамски превръзки

የሽንት ቤት ኬሚካል

....

химическа тоалетна

የልጅ ክፍል

детска стая

የማንቂያ ደዉል ሰዐት
будилник
የህፃን አሻንጉሊት
плюшена играчка
የመጫወቻ መኪና
автомобил играчка
ማንገጫገጫ
መጫወቻ
дрънкалка
የአሻንጉሊት ቤት
къща за кукли
ስጦታ
подарък

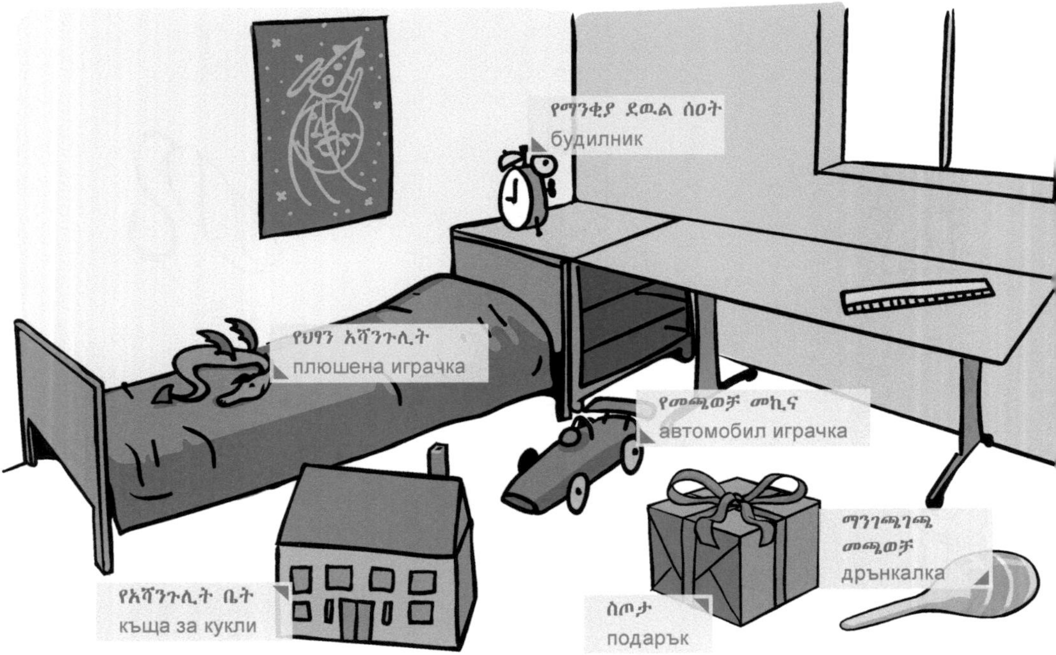

ፊኛ

балон

አልጋ

легло

የህፃን ማንሸራሸሪያ ጋሪ

детска количка

የካርታ መጫወቻ

игра на карти

ቁርጥራጭ ምስሎችን የማገጣጠም
እና ምስል የማግኘት ጨዋታ

пъзел

አዝናኝ

комикс

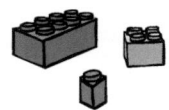

ተገጣጣሚ መጫወቻ

лего елементи

የመጫወቻ መገጣጠሚያዎች

строителни елементи

የድርጊት ምስል

екшън фигурка

የህፃን እድገት

бебешки гащеризон

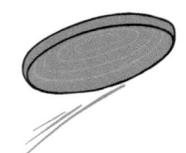

የፕላስቲክ መጫወቻ ዝርግ ሰሀን

фрисби

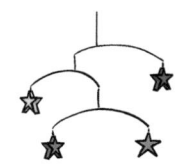

ተወዛዋዥ የህፃን ማጫወቻ

бебешки играчки за легло

የሰሌዳ ጨዋታ

настолна игра

የመጫወቻ ጠጠር

зарче

የመጫወቻ ባቡር

миниатюрно влакче

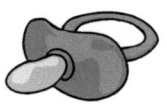

የእንጀራ እናት ጡጦ

биберон

ድግስ

парти

የስዕል መፅሀፍ

детска книга с илюстрации

ኳስ

топка

አሻንጉሊት

кукла

መጫወት

играя

የአሸዋ መጫወቻ

пясъчник

ዥዋዥዌ

люлка

መጫወቻዎች

играчка

የቪዲዮ መጫወቻ

игрова конзола

ባለ ሶስት ጎማ ብስክሌት

велосипед с три колелета

የአሻንጉሊት ድብ

плюшено мече

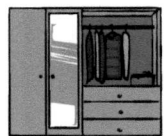

ቁምሳጥን

гардероб

አልባሳት

облекло

ካልሲዎች

къси чорапи

ስቶኪንጎች

дълги чорапи

ታይት

чорапогащник

የአንገት ልብስ
шал

ቀበቶ
колан

ጥንጥላ
чадър

ክናቴራ
Т–шърт

ቦቲ
ботуши

የቤት ዉስጥ ነጠላ ጫማ
пантофл

ስኒከሮች
гуменки

ነጠላ ጫማዎች
....
сандали

ጫማዎች
....
обувки

የጎማብ ቡትስ
....
гумени ботуши

ሙታንታ
....
слип

ጡት መያዣ
....
сутиен

ሰደርያ
....
долна блуза

ሰዉነት

боди

ሱሪዎች

панталон

ጅንስ

дънки

ጉርድ ቀሚስ

пола

ሸሚዝ

блуза

ሸሚዝ

риза

የሚጠለቅ ሹራብ

пуловер

ሹራብ

суичър

ዩኒፎርም ጃኬት

блейзър

ጃኬት

яке

ኮት

палто

የዝናብ ኮት

дъждобран

ልብስ

костюм

ቀሚስ

рокля

የሙሽራ ቀሚስ

булчинска рокля

ሱፍ

костюм

የለሊት ልብስ

нощница

የለሊት ልብስ

пижама

ረጅም ቀሚስ

сари

ሂጃብ

кърпа за глава

ጥምጣም

тюрбан

ቡርቃ

бурка

ሸርጥ

кафтан

አባያ

абая

የዋና ልብስ

бански костюм

አጭር ቁምጣ

плувни шорти

ቁምጣዎች

къс панталон

የስራ ቱታ

анцуг

ሸርጥ

престилка

ጓንት

ръкавици

ቁልፍ

копче

መነፅር

очила

አምባር

гривна

የአንገት ሀብል

верижка

ቀለበት

пръстен

የጆሮ ጌጥ

обеца

ኮፍያ

каскет

የኮት መስቀያ

закачалка

ኮፍያ

шапка

ከረቫት

вратовръзка

ዚፕ

цип

የብረት ቆብ

каска

መደገፊያ

тиранти

የትምህርት ቤት የደንብ ልብስ

ученическа униформа

የደንብ ልብስ

униформа

መሀረብ
....
лигавник

የእንጀራ እናት ጡጦ
....
биберон

ሽንት ጨርቅ
....
пелена

የፋይል መደርደሪያ ካቢኔ
шкаф за документи

ማሰራጫ ጣቢያ
сървър

ወረቀት
хартия

የህትመት መሳሪያ
принтер

መቆጣጠሪያ
монитор

ማኀደር
папка

መፃፊያ ጠረጴዛ
бюро

ማ ዝ
мишка

የመፃፊ ቁልፎች
клавиатура

የቆሻሻ ወረቀት መጣያ ቅርጫት
кошче за хартиени отпадъци

ኮምፒ ተር
компютър

ወንበር
стол

የ ና መጠጫ ትልቅ ኩባያ
....
чаша за кафе

ማስሊያ ማሽን
....
джобен калкулатор

ኢንተርኔት
....
интернет

ላፕቶፕ

лаптоп

ደብዳቤ

писмо

መልዕክት

съобщение

ተንቀሳቃሽ ስልክ

мобилен телефон

የግንኙነት አዉታር

мрежа

ማባዣ ማሽን

ксерокс

ሶፍትዌር

софтуер

ስልክ

телефон

የግድግዳ ሶኬት

контакт

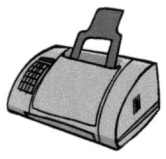

የፋክስ ማሽን

факс

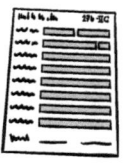

ቅፅ

формуляр

ሰነድ

документ

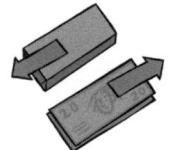

መግዛት

купувам

መክፈል

плащам

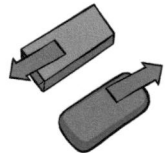

መነገድ

търгувам

ገንዘብ

пари

ዶላር

долар

ዩሮ

евро

ን

йена

ሩብል

рубла

ስዊዝ ፍራንክ

швейцарски франк

ንሚንቢ ዩዋን

ренминби юан

ሩ

рупия

ገንዘብ ነ ብ

банкомат

የዉጭ ገንዘብ ምንዛሪ ቢሮ

обменно бюро

ወርቅ

злато

ብር

сребро

ዘይት

нефт

ሀይል፤ ጉልበት

енергия

ዋጋ

цена

ግንኙነት

договор

ቀረጥ

данък

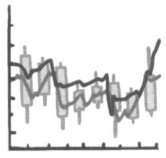

አክስዮን

акция

መስራት

работя

ተቀጣሪ

служител

ቀጣሪ

работодател

ፋብሪካ

фабрика

ሱቅ

магазин за цветя

የስራ ሙያዎች

професии

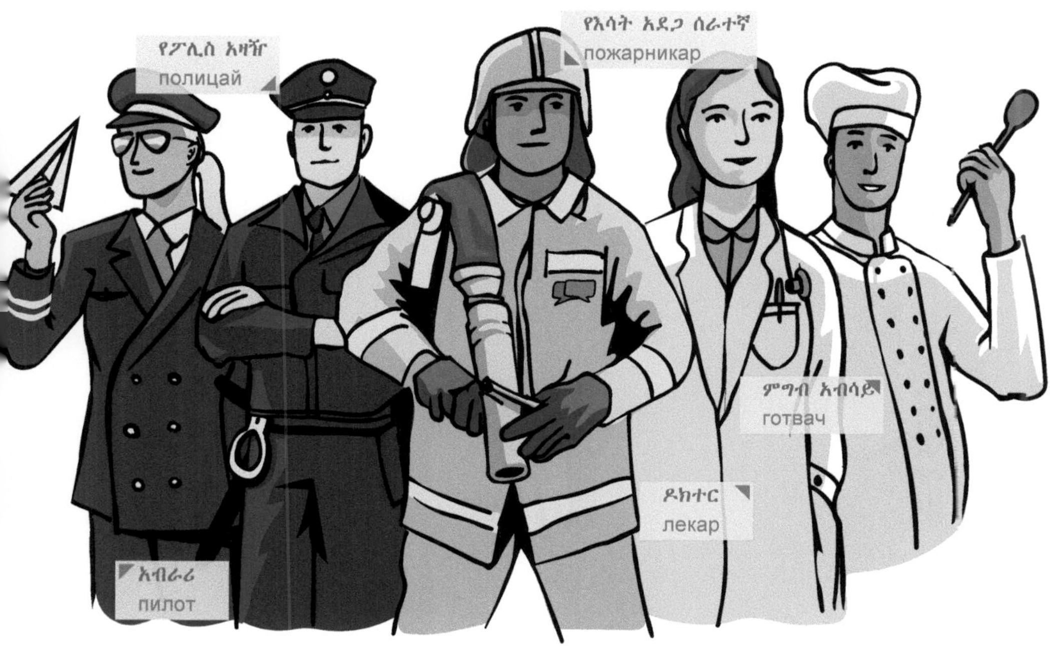

የፖሊስ አዛዥ
полицай
የእሳት አደጋ ሰራተኛ
пожарникар
ምግብ አብሳይ
готвач
ዶክተር
лекар
አብራሪ
пилот

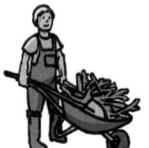

አትክልተኛ

градинар

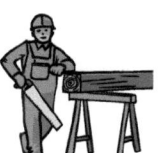

አናጢ

мебелист

ልብስ ሰፊ ሴት

шивачка

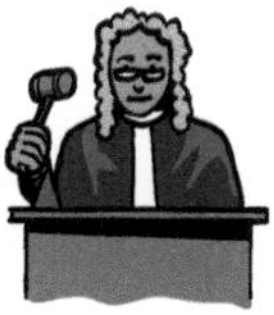

ዳኛ

съдия

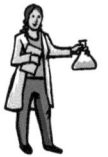

ቀማሚ

химик

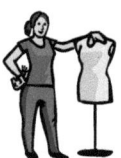

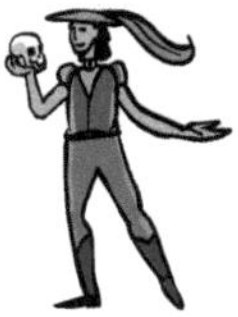

ተዋናይ

артист

የአዉቶቢስ ሹፌር

шофьор на автобус

የታክሲ ሹፌር

шофьор на такси

አሳ አጥማጅ

рибар

ፅዳት ሰራተኛ

чистачка

የጣራ ሰራተኛ

майстор на покриви

አስተናጋጅ

келнер

አዳኝ

ловец

ሰዓሊ

художник

ጋጋሪ

хлебар

የኤሌትሪክ ሰራተኛ

електротехник

ገምቢ

строителен работник

መሃሃዲስ

инженер

ልኳንዳ

касапин

የቧንቧ ሰራተኛ

тенекеджия

የፖስታ ሰራተኛ

пощальон

የስራ ሙያዎች - професии

ወታደር
....
войник

መሃንዲስ
....
архитект

የሒሳብ ሰራተኛ
....
касиер

አበባ ሻጭ
....
цветар

የፀጉር ሰራተኛ
....
фризьор

ቲኬት ቆራጭ
....
кондуктор

መካኒክ
....
механик

ካፒቴን
....
капитан

የጥርስ ሐኪም
....
зъболекар

ተመራ ሪ
....
научен работник

መምህር
....
равин

የሙስሊም ሃይ ኖታዊ መሪ
....
имàм

መነኩሴ
....
монах

ካህን
....
свещеник

መሳሪያዎች

инструменти

чук
ተቆላፊ ጉጠት
клещи
መፍቻ
отвертка
መሳሪ መፍቻ
гаечен ключ
ባትሪ
джобна лампа

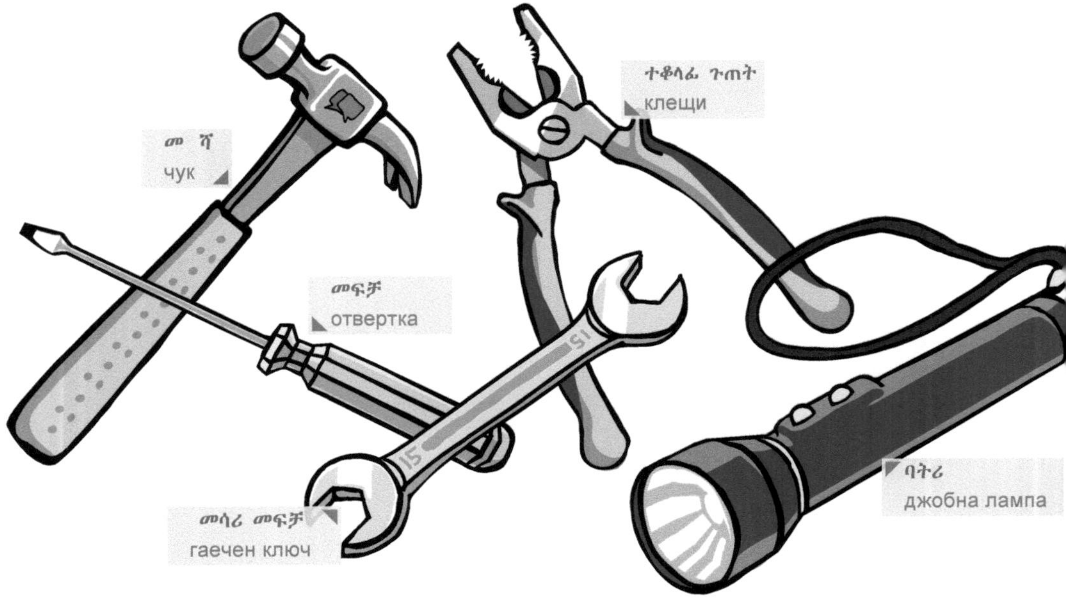

በቁፋሮ ሚዝቅ

багер

መፍቻ ሳጥን

кутия за инструменти

መሰላል

стълба

መጋዝ

трион

ምስማር

пирони

መሰርሰሪያ

бормашина

መጠገን

ремонтирам

አካፋ

лопата

የተረገመ!

По дяволите!

ቆሻሻ ማፈሻ

лопатка за смет

የቀለም ቆርቆሮ

кутия за боя

ብሎን

болтове

የሙዚቃ መሳሪያዎች

музикални инструменти

የድምፅ ማጉያ መሳርያ
високоговорител
የከበሮ መሳሪያዎች
ударни инструменти
ክራር መሰል የሙዚቃ መሳሪያ
китара
ድርብ ቤዝ ጊታር
контрабас
የትንፋሽ ሙዚቃ መሳሪያ
тромпет

የሙዚቃ መሳሪያዎች - музикални инструменти 57

ፒያኖ

....

пиано

ቫዮሊን

....

виолина

ወፍራም፤ጎርናና ድምፅ ያለዉ ክራር መሰል ሙዚቃ መሳሪያ

....

контрабас

ነጋሪት

....

тимпан

ከበሮ

....

барабан

በኤሌክትሪክ የሚሰራ ፒኖ

....

електрическо пиано

የትንፋሽ ሙዚቃ መሳሪያ

....

саксофон

ዋሽንት

....

флейта

የድምፅ ማጉያ

....

микрофон

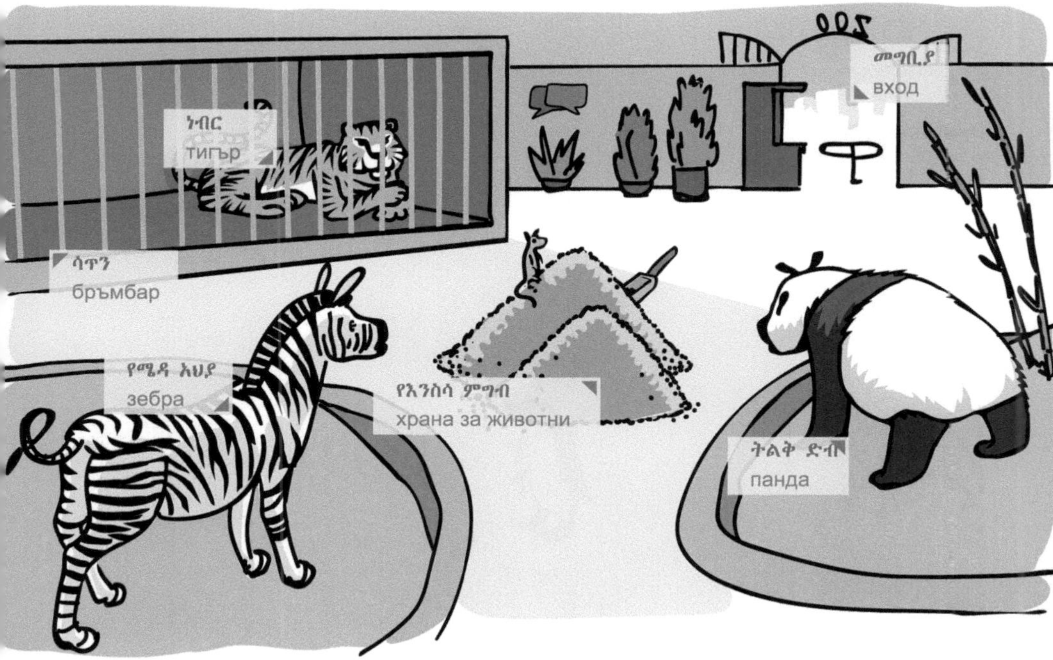

ነብር
тигър

ሳጥን
бръмбар

የሜዳ አህያ
зебра

የእንስሳ ምግብ
храна за животни

ትልቅ ድብ
панда

መግቢያ
вход

እንስሳቶች
животни

ዝሆን
слон

ካንጋሮ
кенгуру

አውራሪስ
носорог

ትልቅ ዝንጀሮ
горила

ድብ
мечка

ግመል

камила

ሰጎን

щраус

አንበሳ

лъв

ጦጣ

маймуна

ቅልጥም ረዥም ወፍ

фламинго

በቀቀን

папагал

የወዋልታ ድብ

бяла мечка

የዋልታ ወፎች

пингвин

ረጅም ጥርሶች ያሉትአሳ ነባሪ

акула

ጣዎስ

паун

እባብ

змия

አዞ

крокодил

የዱር አራዊት የሚጠበቁበት ማቆያን የሚጠብቅ

пазач в зоологическа градина

አሳ በሊታ የባህር እንስሳ

тюлен

የዱር ድመት

ягуар

ድንክ ፈረስ
пони

ነብር
леопард

ጉማሬ
хипопотам

ቀጭኔ
жираф

ንስር
орел

ከርከሮ
диво прасе

አሳ
риба

የባህር ኤሊ
костенурка

የባህር አዉሬ
морж

ቀበሮ
лисица

የሜዳ ፍየል፤ ሚዳቋ
газела

የስፖርት አይነቶች

спорт

አሜሪካ እግርኳስ
американски футбол
ስክሌት ስፖርት
колоездене
тенис
ርጫት ኳስ
баскетбол
ዋና
плуване
ቡጢ ስፖርት
бокс
በረዶ ላይ ገና ጨዋታ
хокей на лед

እግር ኳስ

футбол

ላበ ኳስ ጨዋታ

бадминтон

አትሌቲክስ

лека атлетика

እጅ ኳስ ስፖርት

хандбал

በረዶ መንሸራተት ስፖርት

ски бягане

ረስ ግልቢያ

поло

እንቅስቃሴዎች

дейности

መዝለል
скачам
ማቀፍ
прегръщам
መሳቅ
смея се
መራመድ
вървя
መዘመር
пея
ህልም ማለም
сънувам
መፀለይ
моля се
መሳም
целувам

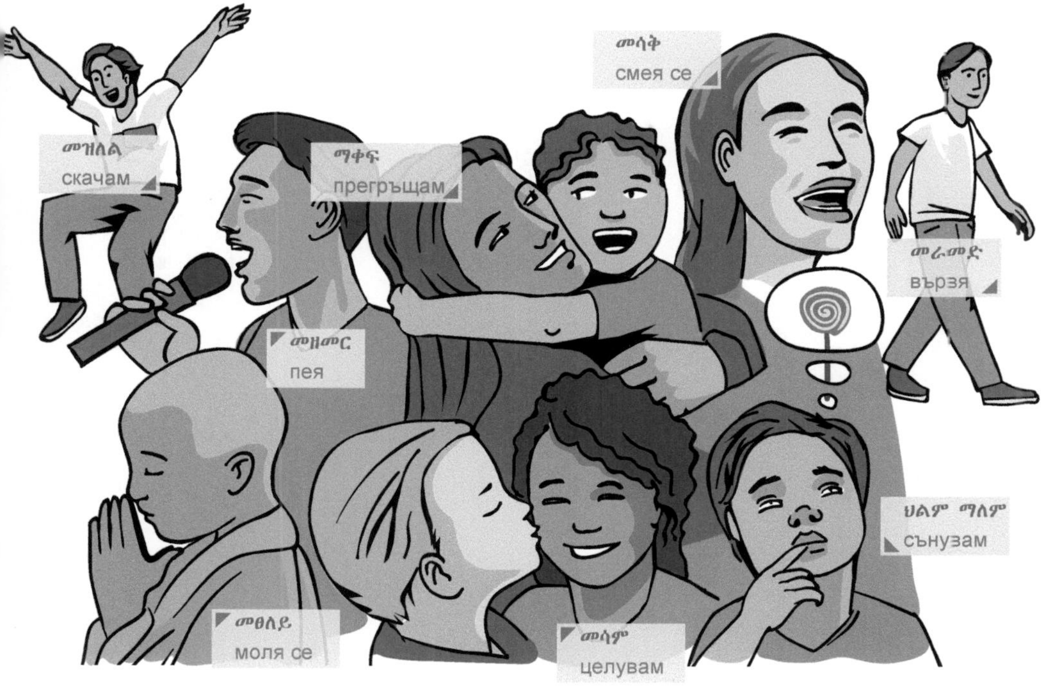

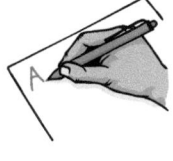

መፃፍ

пиша

መሳል

рисувам

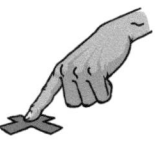

ማሳየት

показвам

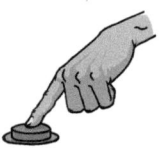

መ ፋት

бутам

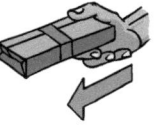

መ ጠት

давам

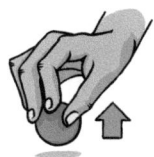

መዉሰድ

взимам

መያዝ

имам

ማድረግ

правя

መሆን

съм

መቆም

стоя

መሮጥ

тичам

መሳብ

дърпам

መወርወር

хвърлям

መዉደቅ

падам

መዋሸት

лежа

መጠበቅ

чакам

መሸከም

нося

መቀመጥ

седя

መልበስ

обличам

መተኛት

спя

መንቃት

събуждам се

መመልከት

разглеждам

ማለልቀስ

плача

መጫር

милвам

ማበጠር

реша се

ማዉራት

говоря

መረዳት

разбирам

ጥያቄ

питам

ማዳመጥ

слушам

መጠጣት

пия

መብላት

ям

ማንፃት

разтребвам

ማፍቀር

обичам

ምግብ ማብሰል

готвя

መንዳት

карам автомобил

መብረር

летя

መርከብ መንዳት

плавам (с платна)

ቁጥሮችን ማስላት

смятане

ማንበብ

чета

መማር

уча

መስራት

работя

ማግባት

женя се

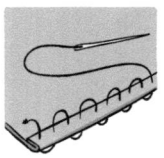

መስፋት

шия

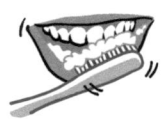

ጥርስ መቦረሽ

измивам си зъбите

መግደል

убивам

ማጨስ

пуша

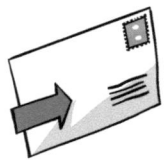

መላክ

изпращам

ት አያት
баба
ወንድ አያት
дядо
баща
እናት
майка
бебе
ት ልጅ
дъщеря
ወንድ ልጅ
син

እንግዳ
....
посетител

አክስት
....
леля

አጎት
....
чичо

ወንድም
....
брат

እ ት
....
сестра

አካል

ТЯЛО

чело
አይን
око
ት
лице
አገጭ
брадичка
ጣት
пръст
ጅ
ръка
ትከሻ
рамо
ት
гърди
ክንድ
ръка
ር
крак

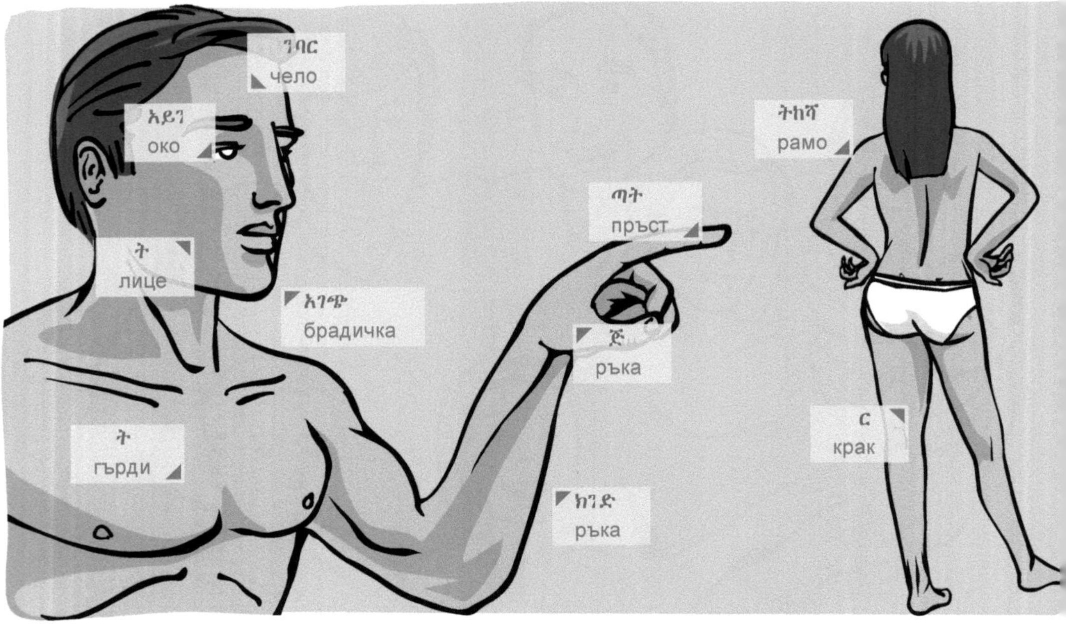

ህፃን

бебе

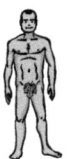

ሰዉ

мъж

ት

жена

ልጃገረድ

момиче

ወንድ ልጅ

момче

ራስ

глава

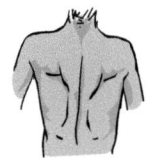

ጀርባ

гръб

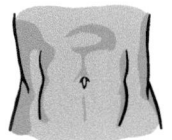

ሆድ

корем

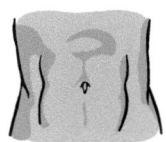

እምብርት

пъп

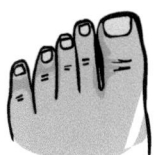

የእግር ጣት

пръст на крака

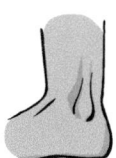

ተረከዝ

пета

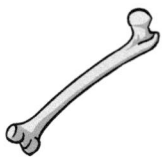

አጥንት

кост

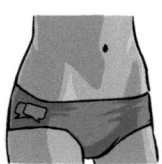

ዳሌ

хълбок

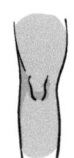

ጉልበት

коляно

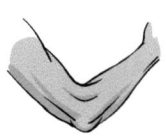

ክርን

лакът

አፍንጫ

нос

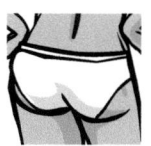

ቂጥ

седалище

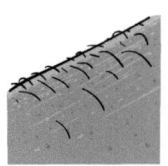

ቆዳ

кожа

ጉንጭ

буза

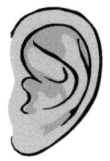

ጆሮ

ухо

ከንፈር

устна

ፍ
....
уста

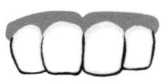

ርስ
....
зъб

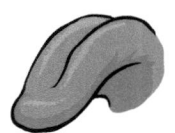

ምላስ
....
език

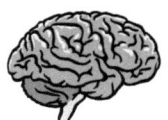

ንጎል
....
мозък

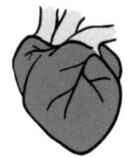

ል
....
сърце

ንቻ
....
мускул

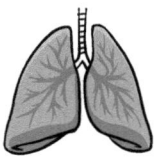

ሳምባ
....
бял дроб

በት
....
черен дроб

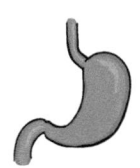

ሆድ
....
стомах

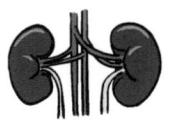

ኩላሊቶች
....
бъбреци

የግ ረስጋ ግንኙነት
....
полово сношение

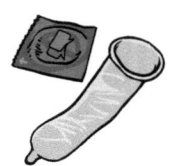

ንዶም
....
кондом

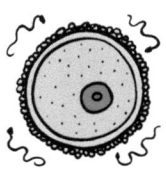

የሴት እንቁላል
....
яйцеклетка

የዘር ፈሳሽ
....
сперма

እርግዝና
....
бременност

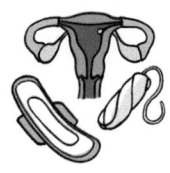

የወር አበባ

менструация

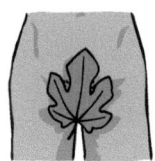

እምስ

вагина

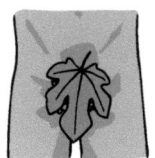

ቁላ

пенис

ቅንድብ

вежда

ፀጉር

коса

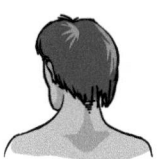

አንገት

шия

ሆስፒታል

болница

አምቡላንስ
линейка
ተሽከርካሪ ወንበር
инвалидна количка
ስ ራት
фрактура

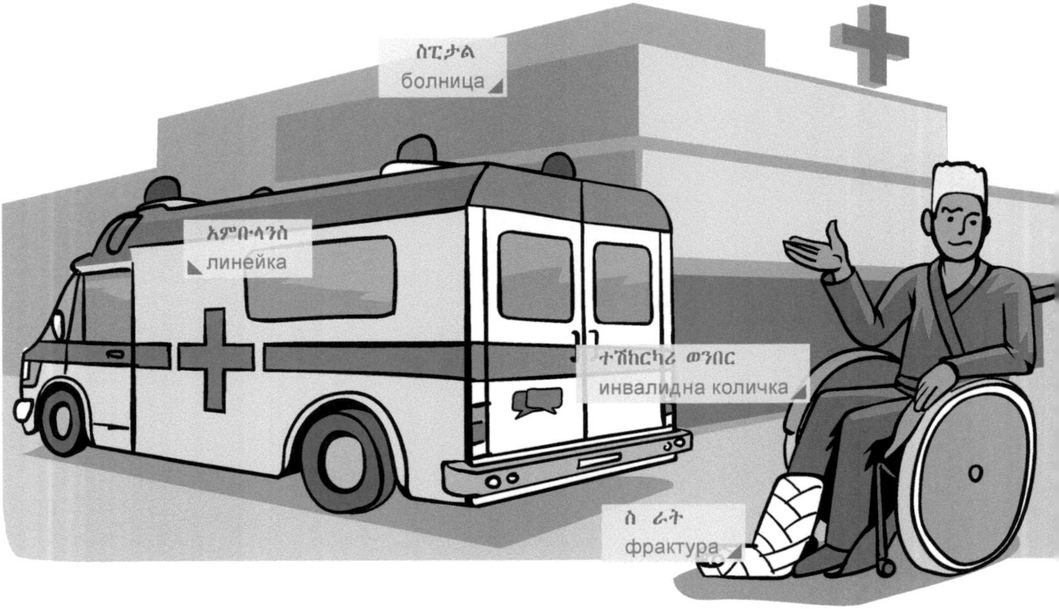

ዶክተር

лекар

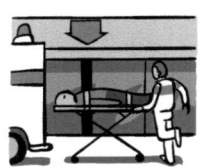

ድንገተኛ ክፍል

спешна хоспитализация

ርስ

медицинска сестра

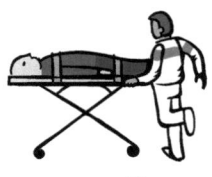

ድንገተኛ

спешен случай

ራስን መሳት/ አለማወቅ

в безсъзнание

ህመም

болка

ጉዳት
....
нараняване

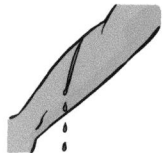

መድማት
....
кървене

የልብ ድካም
....
инфаркт

ስትሮክ
....
инсулт

አለርጂ
....
алергия

ሳል
....
кашлица

ትኩሳት
....
температура

ኢንፍሉዌንዛ
....
грип

ተቅማጥ
....
диария

የራስ ምታት
....
главоболие

ካንሰር
....
рак

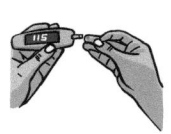

የስኳር በሽታ
....
диабет

ቀዶ ጠጋኝ ሐኪም
....
хирург

የቀዶ ጥገና ስለት
....
скалпел

ቀዶ ጥገና
....
операция

ሲቲ
....
компютърна томография

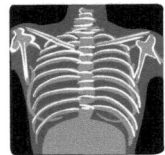

ኤክስሬይ
....
рентген

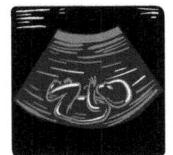

አልትራሳዉንድ
....
ултразвук

የፊት ጭምብል
....
маска

በሽታ
....
болест

መጠበቂያ ክፍል
....
чакалня

ምርኩዝ
....
патерица

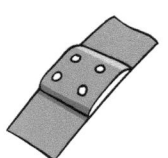

የቁስል ማሸጊያ
....
пластир

ፋሻ
....
превръзка

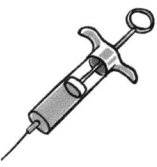

መርፌ
....
инжекция

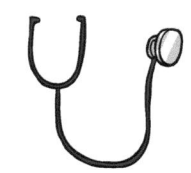

የልብ ምት ማዳመጫ መሳሪያ
....
стетоскоп

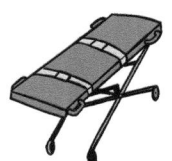

የበሽተኛ አልጋ
....
носилка

የህክምና ሙቀት መለኪያ መሳሪያ
....
термометър

መውለድ
....
раждане

ከልክ ያለፈ ክብደት
....
наднормено тегло

ለመስማት የሚረዳ መሳሪያ

слухов апарат

ፀረ ተባይ መድሀኒት

дезинфекционно средство

ማመርቀዝ

инфекция

ቫይረስ

вирус

ኤች አይቪ ኤድስ

HIV / AIDS

ህክምና

медицина

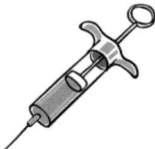

ክትባት

ваксинация

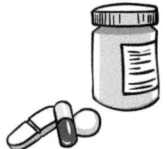

ኪኒን

таблети

ኪኒን

противозачатъчна таблетка

አስቸኳይ የስልክ ጥሪ

спешно телефонно обаждане

ደም ግፊት መቆጣጠሪያ

апарат за измерване на кръвното налягане

ህመም/ ጤንነት

болен / здрав

спешен случай

እርዳታ!

Помощ!

ማንቂያ ደወል

сигнал за тревога

ጥቃት

нападение

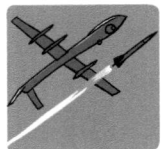

ድብደባ

атака

አደጋ

опасност

የድንገተኛ መዉጫ

авариен изход

እሳት!

Пожар!

እሳት ማጥፊያ

пожарогасител

አደጋ

злополука

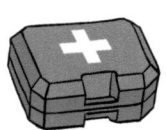

የመጀመሪያ እርዳታ መድሃኒት መያዣ

комплект за оказване на първа помощ

ነፍስ አድን

SOS

ፖሊስ

полиция

አዉሮፓ

Европа

ሰሜን አሜሪካ

Северна Америка

ደቡብ አሜሪካ

Южна Америка

አፍሪካ

Африка

እስያ

Азия

አዉስትራሊያ

Австралия

አትላንቲክ

Атлантически океан

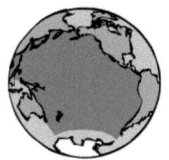

ፓስፊክ

Тихи океан

የህንድ ዉቅያኖስ

Индийски океан

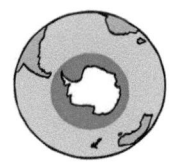

አንታርክቲክ ዉቅያኖስ

Южен ледовит океан

አርክቲክ ዉቅያኖስ

Северен ледовит океан

ሰሜን ዋልታ

Северен полюс

ደቡብ ዋልታ

Южен полюс

አንታርክቲካ

Антарктида

ምድር

Земя

መሬት

суша

ባህር

море

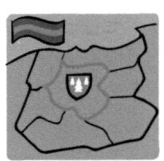

ደሴት

остров

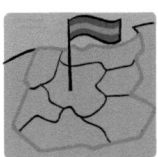

አገርና ህዝብ

нация

መንግስት

държава

ሰዓት
часовник

የሰዓት ገፅታ

циферблат

ሰዓት

стрелка на часовете

ደቂቃ

стрелка на минутите

ሴኮንድ

стрелка на секундите

ስንት ሰዓት ነው?

Колко е часът?

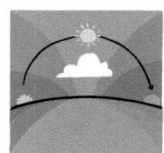

ቀን

ден

ጊዜ

време

አሁን

сега

የቁጥር ሰዐት

дигитален часовник

ደቂቃ

минута

ሰዓታት

час

ሳምንት

седмица

ሰኞ
понеделник
ማክሰኞ
вторник
ረቡዕ
сряда
ሐሙስ
четвъртък
петък
ቅዳሜ
събота
እሁድ
неделя

ትላንት

вчера

ዛሬ

днес

ነገ

утре

ማለዳ

сутрин

ቀትር

обед

ምሽት

вечер

የስራ ቀናት

работни дни

የዕረፍት ቀናት

уикенд

ዓመት

година

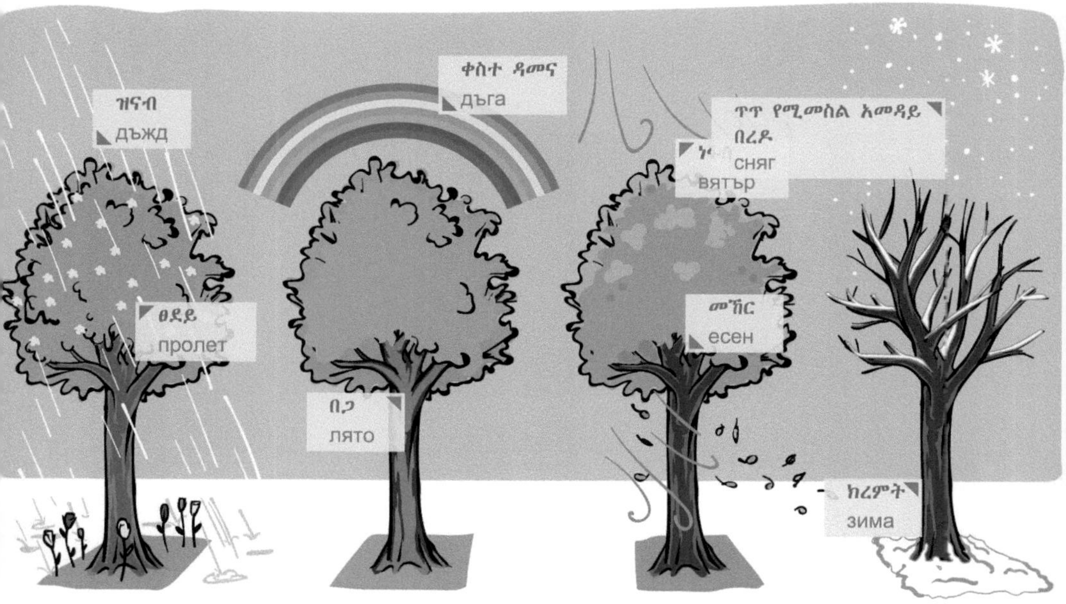
ዝናብ
дъжд
ቀስተ ዳመና
дъга
ጥጥ የሚመስል አመዳይ
በረዶ
сняг
вятър
ፀደይ
пролет
በጋ
лято
መኸር
есен
ክረምት
зима

4.APRIL 11°
5.APRIL 4°
6.APRIL 13°
7.APRIL 8°
8.APRIL 10°

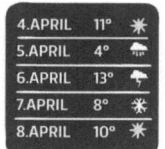

የአየር ሁኔታ ትንበያ

прогноза за времето

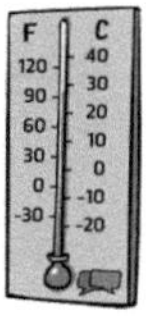
F
C
120
90
60
30
0
-30
40
30
20
10
0
-10
-20

የሙቀት መለኪያ

термометър

የፀሀይ ሙቀት

слънчева светлина

ደመና

облак

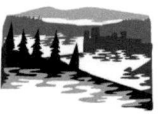

ጭጋግ

мъгла

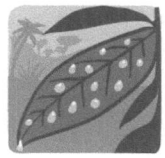

እርጥበታማነት

влажност на въздуха

መብረቅ

светкавица

ነጎድጓድ

гръмотевица

አዉሎ ንፋስ

буря

የበረዶ ዝናብ

градушка

አዉሎ ንፋስ

мусон

ጎርፍ

наводнение

በረዶ

лед

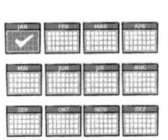

ጥር

януари

የካቲት

февруари

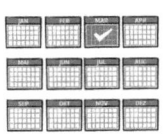

መጋቢት

март

ሚያዚያ

април

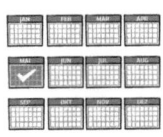

ግንቦት

май

ሰኔ

юни

ሐምሌ

юли

ነሀሴ

август

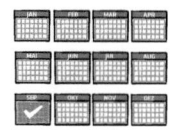

መስከረም

септември

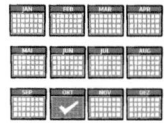

ጥቅምት

октомври

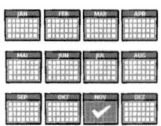

ህዳር

ноември

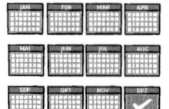

ታህሳስ

декември

ርፆች

форми

ክብ

кръг

አራት ማዕዘን

квадрат

አራት ቀጥተኛ ማዕዘኖች ጎኖች ያሉት ቅርፅ

четириъгълник

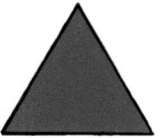

ሶስት ማዕዘን

триъгълник

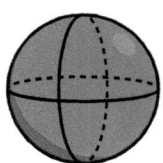

ሉል

сфера

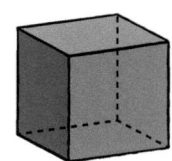

ስድስት ጎን ያለዉ ቅርፅ

куб

ቀለማት

цветове

ነጭ

бял

ቢጫ

жълт

ብርቱካናማ

оранжев

ሮዝ

розов

ቀይ

червен

ወይን ጠጅ

лилав

ሰማያዊ

син

አረንጓዴ

зелен

ቡኒ

кафяв

ግራጫ

сив

ጥቁር

черен

противоположности

ብዙ/ ጥቂት

много / малко

ንዴት/ እርጋታ

ядосан / спокоен

ቆንጆ/ አስቀያሚ

красив / грозен

ጅማሬ/ ፍፃሜ

начало / край

ትልቅ/ ትንሽ

голям / малък

ደማቅ/ ደብዛዛ

светъл / тъмен

ወንድም/ እህት

брат / сестра

ንፁህ/ ቆሻሻ

чист / мръсен

የተሟላ/ ያልተሟላ

пълен / непълен

ቀን/ ምሽት

ден / нощ

የሞተ/ ህያዉ

мъртъв / жив

ሰፊ/ ጠባብ

широк / тесен

ተቃራኒዎች - противоположности 85

የሚበላ/ የማይበላ

ядлив / неядлив

ክፉ/ ደግ

сърдит / любезен

ደስተኛ/ ድብርተኛ

развълнуван / скучаещ

ወፍራም/ ቀጭን

дебел / тънък

መጀመርያ/ መጨረሻ

най-напред / най-накрая

ጓደኛ/ ጠላት

приятел / враг

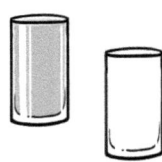

ሙሉ/ ጎዶሎ

пълен / празен

ጠንካራ/ ለስላሳ

твърд / мек

ከባድ/ ቀላል

тежък / лек

ረሃብ/ ጥማት

глад / жажда

ህመም/ ጤንነት

болен / здрав

ህገወጥ/ ህጋዊ

нелегален / легален

ጎበዝ/ ደደብ

интелигентен / глупав

ግራ/ ቀኝ

ляво / дясно

ቅርብ/ ሩቅ

близо / далече

አዲስ/ አሮጌ

нов / употребяван

ምንም/ የሆነ ነገር

нищо / нещо

ሽማግሌ/ ወጣት

стар / млад

የበራ/ የጠፋ

вкл. / изкл.

ክፍት/ ዝግ

отворен / затворен

ፀጥታ/ ጫጫታ

тих / силен (звук)

ሃብታም/ ደሃ

богат / беден

ትክክለኛ/ የተሳሳተ

правилен / погрешен

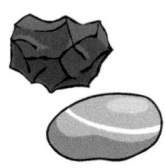

ሻካራ/ ለስላሳ

грапав / гладък

ሐዘን/ ደስታ

тъжен / щастлив

አጭር/ ረዥም

дълъг / къс

ዝግተኛ/ ፈጣን

бавен / бърз

እርጥብ/ ደረቅ

мокър / сух

ሞቃት/ ቀዝቃዛ

топъл / студен

ጦርነት/ ሰላም

война / мир

ቁጥሮች

числа

0

ዜሮ

нула

1

አንድ

едно

2

ሁለት

две

3

ሶስት

три

4

አራት

четири

5

አምስት

пет

6

ስድስት

шест

7

ሰባት

седем

8

ስምንት

осем

9

ዘጠኝ

девет

10

አስር

десет

11

አስራ አንድ

единадесет

12

አስራ ሁለት

дванадесет

13

አስራ ሶስት

тринадесет

14

አስራ አራት

четиринадесет

15

አስራ አምስት

петнадесет

16

አስራ ስድስት

шестнадесет

17

አስራ ሰባት

седемнадесет

18

አስራ ሰስምንት

осемнадесет

19

አስራ ዘጠኝ

деветнадесет

20

ሃያ

двадесет

100

መቶ

сто

1.000

ሽህ

хиляда

1.000.000

ሚሊዮን

милион

ቋንቋዎች

езици

እንግሊዝኛ

английски

የአሜሪካ እንግሊዝኛ

американски английски

የቻይና ማንዳሪን

китайски мандарин

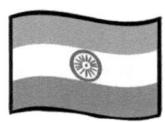

ሂንዱ

хинди

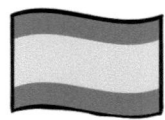

ስፓኒሽ

испански

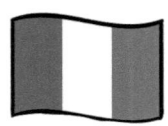

ፍሬንች

френски

አረብኛ

арабски

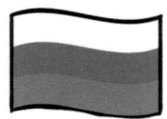

ራሺያኛ

руски

ፖርቱጊዝ

португалски

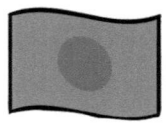

ቤንጋሊ

бенгалски

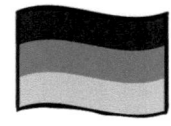

ጀርመን

немски

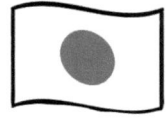

ጃፓንኛ

японски

እኔ

аз

አንተ

ти

እሱ/ እርሷ/ እቃዉ

той / тя / то

እኛ

ние

አንተ

вие

እነርሱ

те

ማን?

кой?

ምን?

какво?

እንዴት?

как?

የት?

къде?

መቼ?

кога?

ስም

име

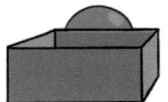

የት
къде

በስተጀርባ

зад

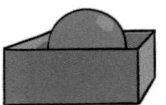

ዉስጥ

в

ከፊት ለፊት

пред

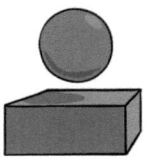

ከላይ

над

ላይ

върху

ከስር

под

አጠገብ

до

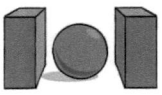

መሃከል

между

ቦታ

място